Meise

Inhaltsverzeichnis

Vorwort

Jedes Kind hat bestimmt schon einmal diesen kleinen und flinken Vogel gesehen oder gehört. Meisen gehören zu den beliebtesten und bekanntesten Gartenvögeln. Auf der ganzen Welt gibt es rund fünfzig Meisenarten. Alle Meisen gehören zu den Sperlingsvögeln und hier genauer zu der Unterordnung der Singvögel. In diesem Heft habe ich mich auf sechs sehr häufig vorkommende typische Vertreter beschränkt: Blaumeise, Kohlmeise, Tannenmeise, Sumpfmeise, Haubenmeise und Schwanzmeise. Die Schwanzmeise ist allerdings nur dem Namen nach eine Meise, zoologisch betrachtet gehört sie nicht zu den „echten“ Meisen. Alle Meisen leben gerne in Gegenden mit vielen Bäumen und Sträuchern. Sie haben einen kräftigen Schnabel, mit dem sie die unterschiedlichsten Nahrungsmittel picken können. Sie sind Allesfresser und passen ihren Speiseplan der Natur an. Meisen sind Standvögel und das ganze Jahr über bei uns zu beobachten. Im Winter freuen sie sich auch über Nahrung von uns Menschen. Kindern ist der Meisenknödel mit Sicherheit ein Begriff. Meisen können hervorragend fliegen und klettern und sind damit echte Akrobaten. Ein weiteres sehr typisches Merkmal ist, dass sie ihre Nester ausschließlich in Höhlen, Hohlräumen oder Nistkästen bauen. Sie gehören damit zu den Höhlenbrütern. Typisch für Meisen ist es auch, dass nur das Weibchen das Nest baut. Die Aufzucht wird von beiden Elternteilen übernommen. Bis zu 900-mal am Tag werden die Nestlinge mit Insekten gefüttert. In den drei Wochen der Aufzucht werden an die jungen Meisen bis zu 15.000 Beutetiere verfüttert.

Es ist wichtig, dass unsere Kinder unsere heimischen Vögel genauer kennenlernen und sie auch beobachten. Viele heimische Vögel sind vom Aussterben bedroht. Dies ist bei der Meise nicht der Fall oder besser gesagt noch nicht der Fall. Immer weniger Grünflächen, immer mehr Steingärten, wenige Hecken und Büsche und eine immer extremere einseitige Landwirtschaft machen unserer Natur und damit auch den Vögeln zu schaffen. Die chemische Insektenvernichtung, die in der Landwirtschaft und teilweise auch in unseren Gärten eingesetzt wird, reduziert die für die Meise wichtigen Insekten. Die Sensibilisierung der nächsten Generationen für den Schutz des Lebensraumes und den Schutz der Tierarten (hier der Meise) ist eine wichtige Aufgabe des Sachunterrichts. Bildung ist die wesentliche Grundlage für den Natur- und Umweltschutz, denn nur wer die Natur kennt und liebt, kann und wird sie auch schützen. Faszination und Toleranz gegenüber Vögeln sowie eine positive Einstellung zu diesen soll durch die Auseinandersetzung mit dem Material „Meise“ angebahnt und gefördert werden!

Meisen eignen sich hervorragend als Lerngegenstand für den Unterricht, da sie sehr leicht zu beobachten sind und man sie fast überall findet. Die Kinder sollen mit Hilfe dieses Themenheftes einen bekannten heimischen Vogel, die Meise, näher kennenlernen. Die fünf Themenschwerpunkte „Wie sieht eine Meise aus?“, „Wie ernährt sich eine Meise?“, „Welche Meisenarten gibt es?“, „Wie leben Meisen?“ und „Wie entwickelt sich eine Meise?“ werden in drei unterschiedlichen Schwierigkeitsstufen angeboten. Sie sind durch Symbole (= leicht, = mittel, = schwer) gekennzeichnet. Die Aufgaben innerhalb eines Themenschwerpunktes zielen immer auf das gleiche Lernziel ab! Die Methoden sind ähnlich gewählt, die Aufgaben unterscheiden sich dann in Anzahl und kognitivem Anspruch. Weitere Angebote zu den Bereichen Sprache, Sachunterricht und Kunst befinden sich bei den Zusatzthemen.

Ich wünsche Ihnen viel Spaß mit den Materialien!
Kathrin Zindler

Vorwort des Verlages

Liebe Lehrkraft,

mit dem THemen-Heft **Meise** aus der Themenheft-Reihe haben Sie eine Materialsammlung erworben, die Ihnen aufgrund des Aufbaus vielfältige Einsatzmöglichkeiten bietet:

- Einsatz als Themenheft, als Projekt oder auch als Werkstatt (durch die beigefügte Blanko-Auftragskarte)

- Fächerübergreifende Bearbeitung des Themas
- Arbeitsblätter zu den **Themenschwerpunkten** entsprechend Lehrplan Sachunterricht und Deutsch

- Dreifache Differenzierung dieser Arbeitsblätter
  - zur inneren Differenzierung
  - zur vorbereitenden oder vertiefenden Hausaufgabe
  - für verschiedene Jahrgangsstufen
  - für jahrgangsübergreifende Lerngruppen
  - für inklusiven Unterricht

- Die Reihenfolge der Themenschwerpunkte kann variiert werden.

- Weiterführendes Arbeiten über das Kernthema hinaus durch (nicht differenzierte) Arbeitsblätter zu **Zusatzthemen**

Zu Ihrer Arbeitserleichterung enthält dieses Heft:
- eine Lernzielkontrolle zur Überprüfung des erlernten Wissens der Kinder zum Thema
- einen Beurteilungsbogen zur Rückmeldung des Arbeitsverhaltens für die Kinder

Wir wünschen Ihnen viel Erfolg bei der Arbeit mit dem Themenheft „Meise“.

Ihr BVK Buch Verlag Kempen

Über das Arbeiten mit diesen Materialien

Zu S. 8 „Wichtige Wörter“

Die Nomen weisen neben dem passenden Artikel immer eine passende Illustration zur visuellen Unterstützung auf. Die Artikel können von Ihnen in der entsprechenden Farbe (der = blau, die = rot, das = grün) markiert werden. Sie können die Wortschatzkarte sehr groß kopieren und für alle Kinder sichtbar im Klassenraum aufhängen oder die Karte den Kindern nach Bedarf als A4-Kopie zur Verfügung stellen. Die Karten bieten außerdem viele andere Umsetzungsmöglichkeiten. So können Sie diese für jede Art eines Memo-Spiels nutzen.

Zu S. 30: „Merkheft – Ich bin eine Meise“

Das Merkheftchen kann als Hilfe oder als Ergebnissicherung genutzt werden. Es bietet sich an, die Kopiervorlage auf DIN A3 hochzukopieren.

Faltanleitung:

1. Falte dein Blatt an den Linien.

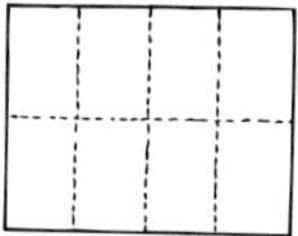

2. Lege das Papier quer vor dich, falte es zur Hälfte und schneide es wie auf der Zeichnung ein Feld breit ein.

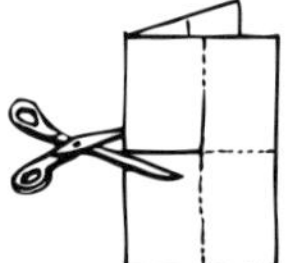

3. Klappe das Papier wieder auseinander und falte es der Länge nach.

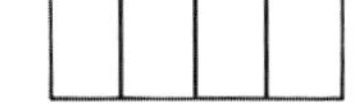

4. Ziehe die beiden mittleren Streifen vorsichtig auseinander, sodass ein „Stern“ entsteht.

5. Falte die Knicke in der richtigen Richtung nach! Nun hast du ein Buch mit drei Doppelseiten.

Weitere Ideen für den Unterricht

- Gemeinsames Anschauen des **Videos** „Faszination Natur – Meisen in Deutschland“ *(www.youtube.com/watch?v=ZbUq1lffA_I)*
- Abspielen einer **Audiodatei,** auf der der Gesang einer Meise zu hören ist (z. B. *www.deutsche-vogelstimmen.de/meisen/).* Anschließend können die Kinder überlegen, um welches Tier es sich handelt.
- **Meisenknödel herstellen:** Im Internet finden Sie viele einfache Anleitungen, um mit den Kindern selber Meisenknödel herzustellen (z. B. *www.wdrmaus.de/spiel-und-spass/basteln/meisenknoedel.php5).*
- **Nistkasten bauen:** Ein Nistkasten für Meisen lässt sich recht leicht selbst bauen und wird gern angenommen. Im Frühling kann man dann beobachten, wie die jungen Meisen darin gefüttert werden und ausfliegen. Im Internet findet man dazu viele Anleitungen (z. B. *www.pindactica.de/downloads/Bauanleitung_Nistkasten_Hoehlenbrueter_fuer_Kinder.pdf).*

- Erstellen einer **Mindmap** zum Thema an der Tafel
- Bild(er) von Meisen, Küken, Nestern etc. als **stummen Impuls** bereitstellen
- **Ratespiel:** Was ist das? Das Bild einer Meise wird auf eine Folie kopiert und komplett verdeckt. Durch „Ja“- und „Nein“-Fragen versuchen die Kinder zu erraten, um welchen Lerngegenstand es sich handelt. Nach und nach wird das Bild bei richtigen „Fragen“ aufgedeckt.
- **Gemeinsames Vorwissen sammeln:** Die Kinder werden in Kleingruppen aufgeteilt. Gemeinsam bekommen sie ein Blatt, auf der in der Mitte eine Meise abgebildet ist. Die Kinder malen oder notieren auf dem gemeinsamen Blatt ihre Gedanken bzw. ihr Vorwissen. Dieses wird anschließend mit allen Kindern besprochen.
- **„Alle Vögel fliegen hoch“:** Dieses altbewährte Spiel kennt bestimmt jeder. Die Kinder sitzen im Kreis oder an ihrem Platz und trommeln mit den Händen auf die Knie. Der Spielleiter ruft: „Alle Vögel fliegen hoch!“ Bei „fliegen hoch“ hebt man die Hände in die Luft, wenn die Aussage stimmt. In weiteren Runden „fliegen“ andere Tiere oder Gegenstände hoch. Die Kinder müssen schnell überlegen, ob das Tier oder der Gegenstand wirklich fliegen kann. Ist das nicht der Fall und man hat fälschlicherweise trotzdem die Arme hochgerissen, muss man ein Pfand (Punkt) abgeben oder darf eine Runde nicht mitspielen. Wenn man bei einer richtigen Aussage vergisst, die Arme zu heben, muss man ebenfalls ein Pfand abgeben. Schnelles Denken und Reagieren sind gefragt.
- **Fingerspiel / Bewegungsspiel „Kleine Meisen“:** Dieses kleine Bewegungsspiel für die Hände ist eine kurze Unterbrechung im Unterricht, um die Konzentration der Kinder und die Aufmerksamkeit wieder zurückzugewinnen. Sie können den folgenden Text mit den Kindern noch um weitere Details ergänzen:
  Alle Finger wollen heute Meisen sein. (mit allen 10 Fingern nach vorne zeigen)
  Sie fliegen hoch. (Finger nach oben bewegen)
  Sie fliegen runter. (Finger nach unten bewegen)
  Sie fliegen nach rechts bzw. links. (Bewegung nach rechts bzw. links)
  Sie picken Körner. (mit den Fingern auf den Tisch trommeln)
- **Gedicht „Kleine Meise“:** Dieses kurze und sehr einprägsame Gedicht lässt sich im Unterricht vielfältig einsetzen:

Kleine Meise, kleine Meise, sag wo kommst du denn her,
Suchte Futter, suchte Futter, aber alles war leer.
Kleine Meise, kleine Meise und was willst du bei mir,
Ein paar Körnchen, ein paar Körnchen und ich dank dir dafür.
Kleine Meise, kleine Meise, bitte sing mir ein Lied,
Erst im Frühling, erst im Frühling, wenn das Schneeglöckchen blüht.
Kleine Meise, kleine Meise, wohin fliegst du nun fort?
In mein Nestchen, in mein Nestchen, denn schön warm ist es dort.

RÜCKMELDUNG			
Liebe / r ______________________________ , so hast du beim Thema „Meise“ gearbeitet:			
	🙂	😐	🙁
Du hast konzentriert gearbeitet.			
Du hast selbstständig gearbeitet.			
Du hast deine Arbeiten beendet.			
Du hast dich an Unterrichtsgesprächen beteiligt.			
Du hast deine Mappe in Ordnung gehalten.			
Kommentar:			

Auftragskarte zu Werkbereich

Meise

Übersicht über die Themenschwerpunkte

Übersicht über die zusätzlichen Angebote

Wichtige Wörter

die Meise	der Flügel
der Schnabel	die Kralle
das Küken	der Nistkasten
die Baumhöhle	das Nest
fliegen	klettern

Name: ______________________________ Datum: ____________

So sieht eine Meise aus

Aufgaben

1. Schneide die Puzzleteile aus.
2. Setze das Puzzle richtig zusammen. Klebe es auf.
3. Lies die Wörter und verbinde richtig.
4. Male die Meise aus.

Tipp: Schaue dir Bilder in Büchern oder im Internet an.

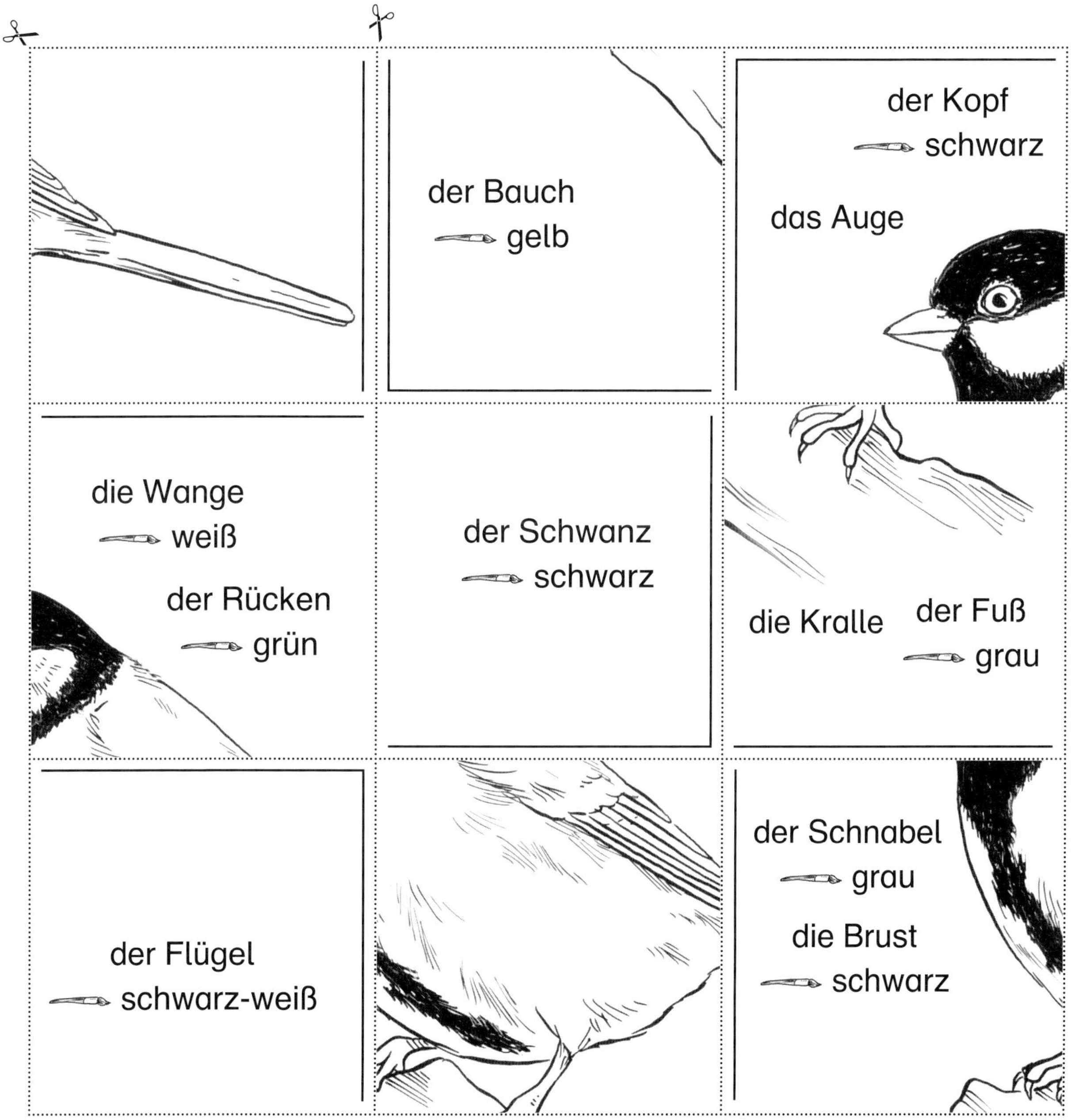

der Bauch
gelb

der Kopf
schwarz

das Auge

die Wange
weiß

der Rücken
grün

der Schwanz
schwarz

die Kralle

der Fuß
grau

der Flügel
schwarz-weiß

der Schnabel
grau

die Brust
schwarz

Name: ________________________________ Datum: ____________

Die Körperteile der Meise

1	Die Meise hat einen schwarzen **Kopf.**
2	Die **Wangen** der Meise sind weiß.
3	Die Meise hat zwei graue **Füße.**
4	An den Füßen sind vier gebogene **Krallen.**
5	Am Ende des Körpers befindet sich der schwarze **Schwanz.**
6	Der graue **Schnabel** ist kurz und kräftig.
7	Mit dem **Auge** kann die Meise sehen.
8	Die Meise hat zwei schwarz-weiße **Flügel.**
9	Ihr **Bauch** ist gelb mit einem schwarzen Streifen.
10	Der **Rücken** der Meise ist grün gefärbt.

Aufgaben

1. Lies die Sätze.
2. Trage die richtigen Zahlen ein.
3. Male die Meise aus.

Name: ______________________ Datum: ____________

Die Meise – unter die Lupe genommen (1)

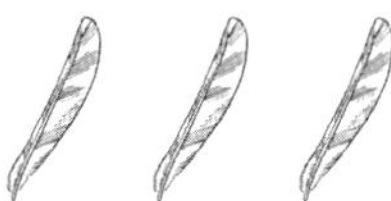

Der Kopf der Kohlmeise ist schwarz gefärbt. Ihre Wangen sind weiß.

Die Kohlmeise hat einen schwarzen Streifen auf dem Bauch.

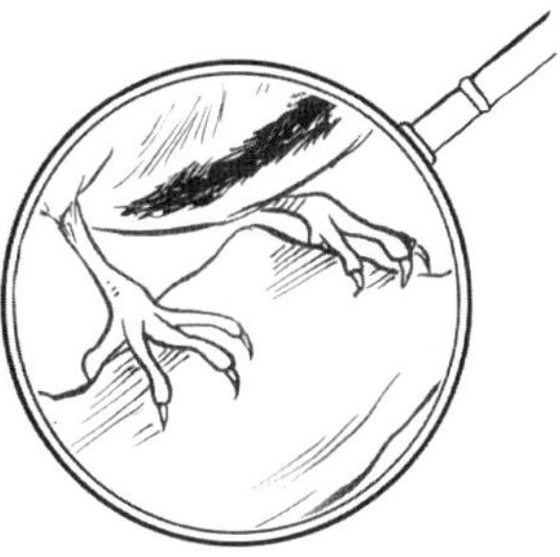

An ihren Füßen haben die Meisen gebogene Krallen. Damit können sie besonders gut klettern.

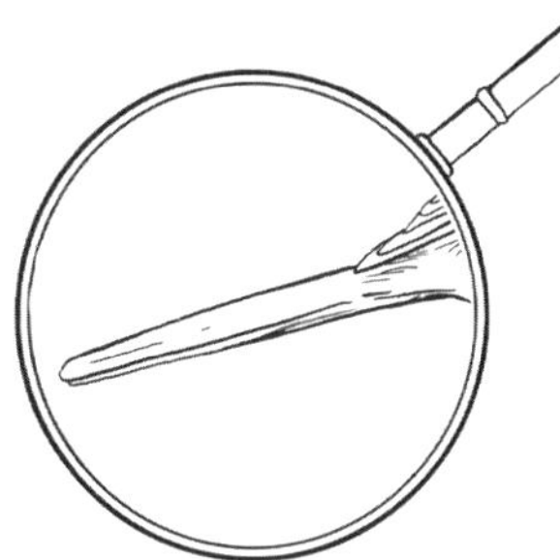

Mit dem Schwanz steuert die Meise den Flug. Meisen können sehr gut fliegen!

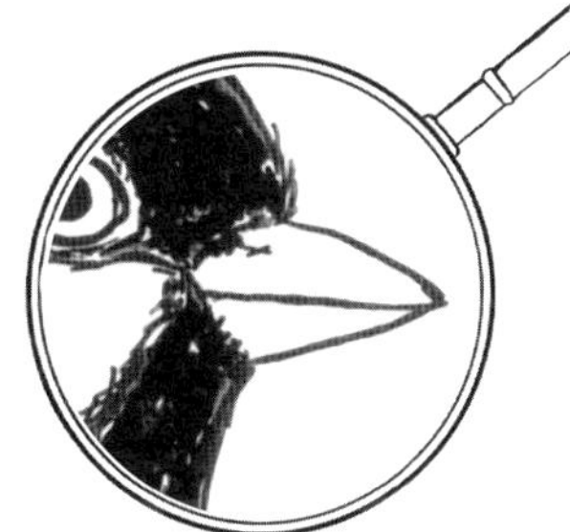

Die Meise hat einen kräftigen und kurzen Schnabel. Mit ihm pickt sie Nahrung.

Die Meise hat kurze und runde Flügel. Junge Vögel müssen das Fliegen erst noch lernen.

Das Gefieder hält den Körper der Meise warm und trocken. Sie badet gern.

Aufgaben

1. Sieh dir die Körperteile der Meise gut an.
2. Lies die Sätze.

Name: ______________________________ Datum: ____________

Die Meise – unter die Lupe genommen (2)

1. Die Meise hat …

einen langen und spitzen Schnabel. E

einen kurzen und kräftigen Schnabel. F

2. Die Meise …

badet gern.

lebt im Wasser.

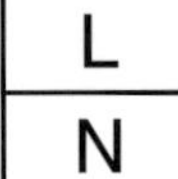

3. Die Krallen …

sind gebogen.

sind gerade.

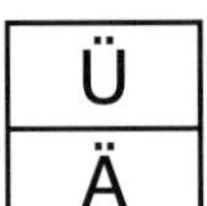

4. Die Flügel der Meise …

sind lang und spitz.

sind rund und kurz.

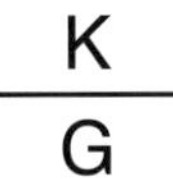

5. Der Streifen auf der Brust der Kohlmeise ist …

weiß. I

schwarz. E

6. Die Meise …

steuert den Flug mit dem Schwanz.

kann nicht fliegen.

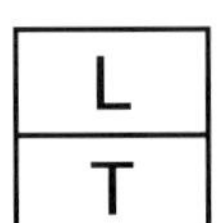

Die Meise hat zwei ___ ___ ___ ___ ___ ___ .

Aufgaben

1. Lies die Sätze oben.
2. Was ist richtig?
   Kreise den richtigen Buchstaben ein.
3. Du erhältst ein **Lösungswort.**
   Schreibe es auf die Linien.

BVK · Kathrin Zindler: Themenheft „Meise“

Name: ________________________ Datum: ____________

Was frisst eine Meise?

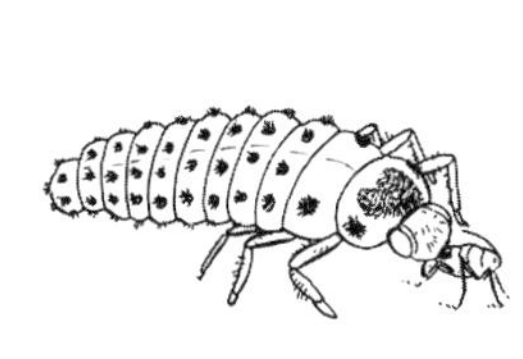

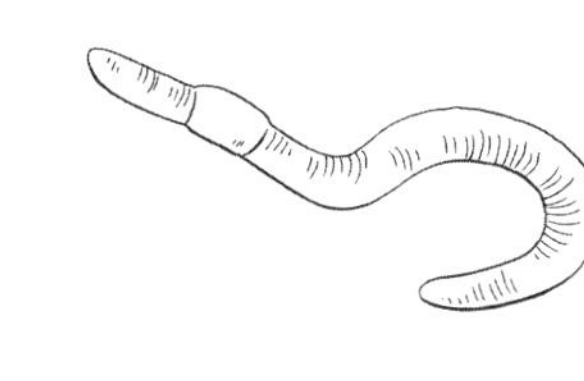
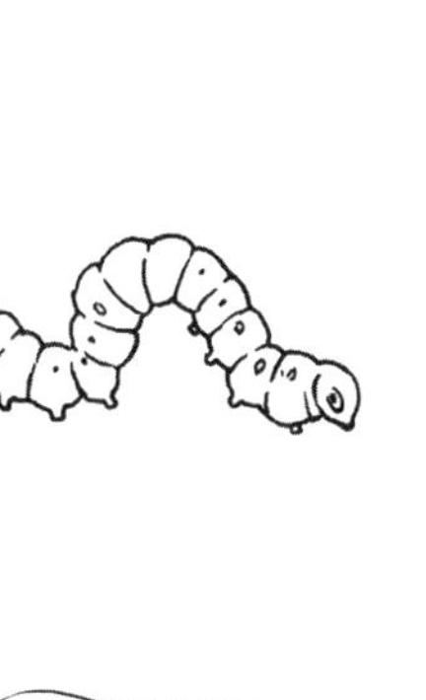

1. Schaue dir die Bilder an.
2. Streiche durch, was eine Meise nicht fressen sollte.
3. Was frisst eine Meise? Male die Nahrung farbig an: pflanzlich = grün und tierisch = gelb.

BVK • Kathrin Zindler: Themenheft „Meise“

Name: ______________________ Datum: ____________

Hungrige Meisen

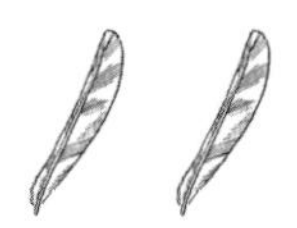

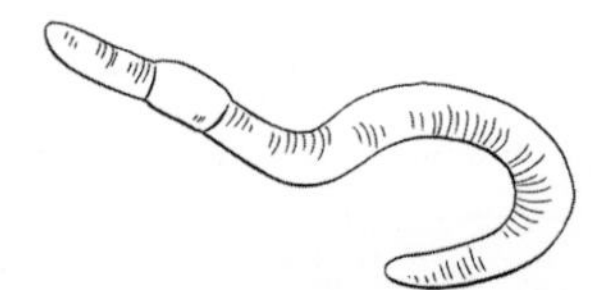

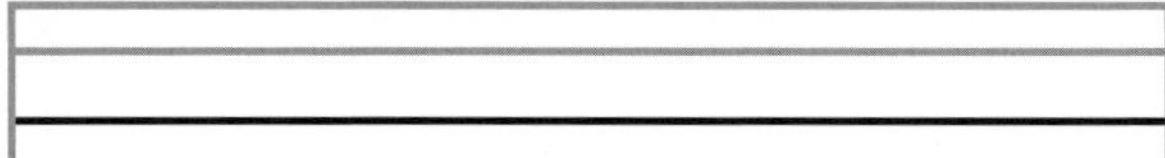

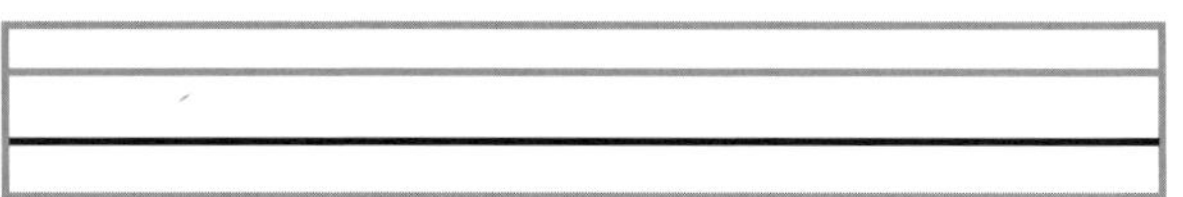

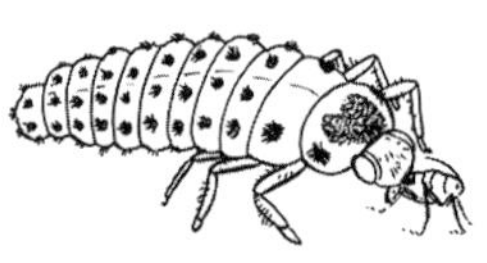

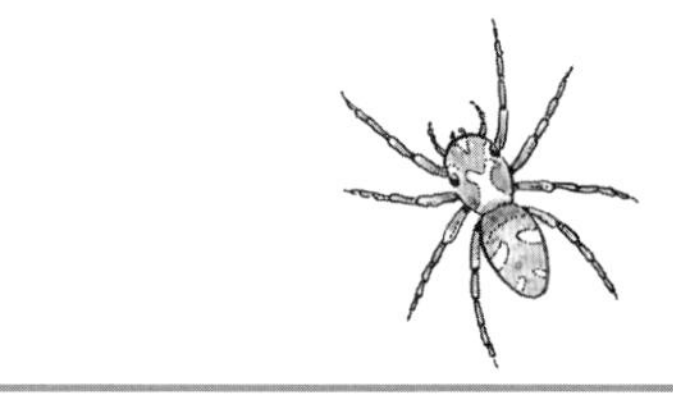

Larve – Käfer – Spinne – Wurm – Raupe – Samen – Beere – Nuss

Aufgaben

1. Was frisst die Meise? Schaue dir die Bilder an.
2. Schreibe die richtigen Namen mit Artikel auf die Linien.
3. Male die Nahrung farbig an: pflanzlich = grün und tierisch = gelb.

BVK • Kathrin Zindler: Themenheft „Meise“

Name: ______________________ Datum: __________

Der Speiseplan der Meisen

Die Meise ist ein Allesfresser. Sie frisst tierische und pflanzliche Nahrung. Die Meise hat einen kurzen und kräftigen Schnabel. Damit kann sie Nüsse und Samen knacken. Sie kann mit ihrem Schnabel aber auch Würmer unter der Erde ertasten. Die Meise ist bei der Futtersuche sehr schlau und passt ihren Speiseplan den Jahreszeiten an. Im Frühjahr frisst sie kleine Insekten und Samen. Im Sommer gibt es sehr viele Insekten, wie zum Beispiel Fliegen, Raupen, Larven, Spinnen und Würmer. Im Herbst kommen Beeren, Sonnenblumenkerne und Nüsse dazu. Im Winter gibt es kaum Insekten. Die Meise findet dann weniger Nahrung. Sie freut sich, wenn wir Menschen Futter für sie aufstellen. Das können zum Beispiel Meisenknödel oder Futterhäuser sein.

	☺	☹
Meisen fressen nur Körner.		
Die Meise passt ihren Speiseplan den Jahreszeiten an.		
Sie mag keine Sonnenblumenkerne.		
Sie frisst das ganze Jahr über das gleiche Futter.		
Insekten mag die Meise nicht.		
Im Herbst fressen Meisen Nüsse und Samen.		
Die Meise hat einen langen spitzen Schnabel.		
Die Meise kann mit dem Schnabel Nüsse knacken.		
Im Winter findet die Meise am meisten Nahrung.		

Aufgaben

1. Lies den Text.
2. Lies dann die Sätze. Sind sie richtig ☺ oder falsch ☹? ☒ Kreuze an.
3. Was frisst die Meise in den verschiedenen Jahreszeiten? Schreibe oder male auf ein Blatt.

Name: ______________________ Datum: ____________

Meisenpaare

Aufgaben

1. Schneide die Bilder aus.
2. Welche Teile gehören zusammen? Ordne richtig zu.
3. Klebe die verschiedenen Meisen auf ein Blatt.

Name: ______________________________ Datum: __________

Lese-Logical Meisenarten

1. Die Kohlmeise ist die größte Meise. Sie hat einen breiten, schwarzen Streifen auf dem Bauch. Ihr Kopf ist schwarz.	
2. Die Schwanzmeise hat einen langen Schwanz. Er ist länger als ihr Körper.	
3. Die Tannenmeise ist die kleinste Meise. Sie sieht wie eine kleine Kohlmeise aus.	
4. Die Haubenmeise hat aufgestellte Federn auf dem Kopf. Ihr Bauch ist weiß.	
5. Die Sumpfmeise hat einen schwarzen Kopf und einen schwarzen Fleck am Kinn. Ihr Bauch ist hell gefärbt.	
6. Die Blaumeise ist die zweitgrößte Meise. Sie hat einen schwarzen Streifen am Auge.	

Alle Meisen fressen gern ___ ___ ___ ___ ___ ___ .

Aufgaben

1. Lies die Sätze.
2. Suche die passenden Meisen und trage die richtigen Buchstaben ein.
3. Male die Meisen passend farbig aus.
   Tipp: Schaue in Büchern oder im Internet nach.
   (z. B. *www.helles-koepfchen.de, www.fragfinn.de)*

BVK • Kathrin Zindler: Themenheft „Meise“

Name: ______________________ Datum: ____________

Alles Meisen (1)

Aufgaben

1. Lies den Text.
2. Lies die Steckbriefe der Meisen auf Arbeitsblatt (1) und (2).
3. Male die Meisen passend aus.
   Tipp: Schaue dir Bilder in Büchern oder im Internet *(www.helles-koepfchen.de, www.fragfinn.de)* an.

Insgesamt gibt es rund 50 verschiedene Meisenarten auf der Welt. Sie unterscheiden sich in der Größe und in der Farbe ihres Gefieders. Manche Meisen haben Besonderheiten wie einen langen Schwanz oder auffällige Federn auf dem Kopf!
In unseren Gärten, Wäldern und Parks können wir häufig die Kohlmeise, die Blaumeise, die Tannenmeise, die Sumpfmeise, die Schwanzmeise und die Haubenmeise entdecken.

Die Blaumeise
Die Blaumeise hat ihren Namen von ihrem blauen Gefieder. Sie hat einen blau-weißen Kopf, blaue Flügel und einen blauen Schwanz. Der Bauch ist gelb gefärbt und der Rücken grün. Sie hat einen schwarzen Streifen am Auge.

Die Kohlmeise
Der Kopf, der Nacken und der Schwanz sind so schwarz wie Kohle. Deshalb nennt man sie auch Kohlmeise. Die Wangen sind weiß. Ihr Bauch ist gelb mit einem breiten, schwarzen Streifen. Der Rücken ist grün gefärbt. Die Kohlmeise ist die größte Meise.

Name: ______________________ Datum: ____________

Alles Meisen (2)

Die Tannenmeise

Die Tannenmeise hat einen schwarzen Kopf und einen schwarzen Hals. Ihre Wangen und ihr Bauch sind hell gefärbt. Sie sieht der Kohlmeise ähnlich. Ihren Namen hat sie, weil sie oft in Wäldern mit Tannen lebt. Die Tannenmeise ist die kleinste Meise.

Die Schwanzmeise

Die Schwanzmeise hat ihren Namen von ihrem langen, schwarzen Schwanz. Er ist länger als ihr Körper. Der Nacken der Meise ist schwarz. Ihr Kopf ist weiß mit einem schwarzen Streifen. Der Bauch ist weiß bis hellbraun gefärbt.

Die Haubenmeise

Die Haubenmeise erkennt man an ihren schwarz-weißen Federn auf dem Kopf. Sie hat eine weiße Kehle und einen schwarzen Ring am Hals. Der Rücken und der Schwanz sind hellbraun. Die Brust ist weiß.

Die Sumpfmeise

Am Kinn hat die Sumpfmeise einen schwarzen Fleck. Die Oberseite vom Kopf ist schwarz. Die Wangen sind weiß. Ihr Rücken ist braun und der Bauch ist weiß.

Name: ______________________________ Datum: ______________

Hier leben Meisen

Aufgaben

1. Sieh dir das Bild an. Kannst du alle Meisen finden?
2. Kreise sie ein und zähle.
3. Schreibe die Zahl in das Kästchen ☐.
4. Male das Bild aus.

BVK • Kathrin Zindler: Themenheft „Meise“

Name: ______________________ Datum: __________

So lebt eine Meise

Aufgaben

1. Schneide die Sätze unten aus.
2. Lies nun die Sätze.
3. Ordne sie den Bildern zu und klebe sie richtig auf.
4. Male die Bilder aus.

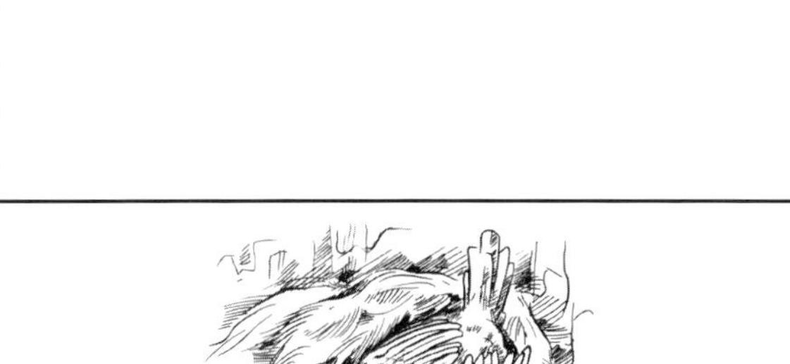

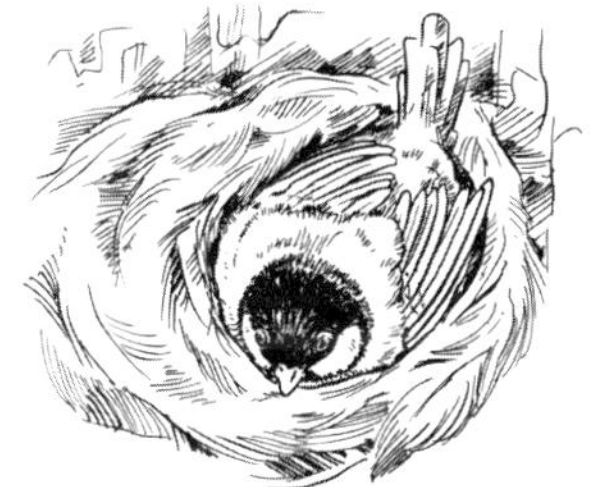

Im Winter leben Meisen mit vielen anderen Meisen zusammen. Sie suchen Futter.	Meisen sind sehr aktive Vögel. Sie können fliegen und klettern wie die Weltmeister.
Das Weibchen baut das Nest und legt Eier.	Meisen sind hungrig. Sie sammeln Tausende Raupen für ihre Jungen.

Name: ______________________ Datum: ____________

Aus dem Leben einer Meise

Meisen können sehr gut klettern. Auf der Suche nach Futter hängen sie auch kopfüber an Zweigen und Blüten.

Meisen bauen ihre Nester in Baumhöhlen, Mauerspalten oder in Nistkästen. Das Weibchen baut das Nest.

Meisen können sehr gut fliegen. Junge Meisen müssen das Fliegen erst noch lernen.

Im Winter hängen die Menschen oft Futterknödel für die Meisen auf. Sie sind mit vielen Körnern und Fett gefüllt.

Meisen sind sehr schlau. Manchmal holen sie Tüten aus dem Müll, um an die Krümel zu kommen.

Aufgaben

1. Lies die Texte und schaue dir die Bilder an.
2. Verbinde die Bilder mit den passenden Texten.

Name: ______________________ Datum: __________

Die Meisen brüten

Aufgaben

1. Schneide die Bilder aus.
2. Schaue sie dir genau an und bringe sie in die richtige Reihenfolge. Schreibe die Zahlen 1 bis 6 in die Kreise.
3. Klebe die Bilder auf ein Blatt.
4. Male die Bilder aus.

Name: ______________________ Datum: ____________

Die Meisen entwickeln sich

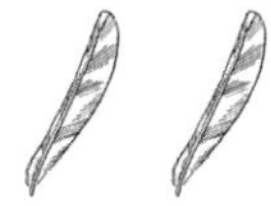

Aufgaben

1. Schneide die Kärtchen aus.
2. Lege das Domino richtig zusammen
3. Suche dir ein anderes Kind und spielt das Domino.

ANFANG		Das Männchen lockt das Weibchen mit seinem Gesang. Die beiden paaren sich.	
Das Weibchen baut ein Nest in eine Höhle oder in einen Nistkasten.		Das Weibchen legt etwa 6 bis 12 Eier in das Nest hinein.	
Das Weibchen brütet 2 Wochen lang die Eier aus.		Wenn die Küken schlüpfen, sind sie nackt und blind.	
Die Küken werden 2 bis 3 Wochen von ihren Eltern im Nest gefüttert.		Die Jungmeisen verlassen das Nest. Sie sitzen auf Ästen und werden weiter gefüttert.	
Die kleinen Meisen üben zu fliegen.		Die Jungvögel können nun fliegen und sich selbst Nahrung suchen.	**ENDE**

Name: ______________________________ Datum: ____________

Nachwuchs bei den Meisen (1)

☐	Die Küken verlassen das Nest. Nun sitzen sie auf einem Ast. Diese Zeit nennt man **Ästlingszeit.** Die kleinen Meisen werden von den Eltern weiter gefüttert.
☐	In das fertige Nest legt das Weibchen 6 bis 12 Eier. Das Weibchen brütet die Eier 2 Wochen lang aus. Diese Zeit nennt man **Brutzeit.**
☐	Im März sucht sich das Männchen eine Bruthöhle oder einen Nistkasten. Dann lockt es durch Gesang ein Weibchen an. Die beiden paaren sich. Das nennt man **Paarung.**
☐	Nach 2 Wochen schlüpfen die Küken. Sie sind blind und nackt. Die Küken werden von den Eltern 2 bis 3 Wochen im Nest gefüttert. Diese Zeit nennt man **Nestlingszeit.**
☐	**Jungmeisen** haben an ihrem Schnabel einen hellgelben Rand. Sie üben das Fliegen. Jetzt können sie sich selbst mit Nahrung versorgen.
☐	Bei den Meisen ist das Weibchen für den **Nestbau** zuständig. Meisen bauen ihr Nest in Baumhöhlen oder in Nistkästen. Das Nest wird mit Moos, Federn oder Haaren weich gepolstert.

Aufgaben

1. Lies die Texte.
2. Bringe sie in die richtige Reihenfolge.
   Nummeriere die Texte von 1 bis 6.
3. Schaue dir die Bilder auf Arbeitsblatt (2) an.
   Beschrifte sie richtig.
   Tipp: Die **fett** gedruckten Wörter im Text helfen dir.

Zusatzaufgabe: Schreibe den Text in der richtigen Reihenfolge in dein Heft.

Name: ______________________ Datum: ____________

Nachwuchs bei den Meisen (2)

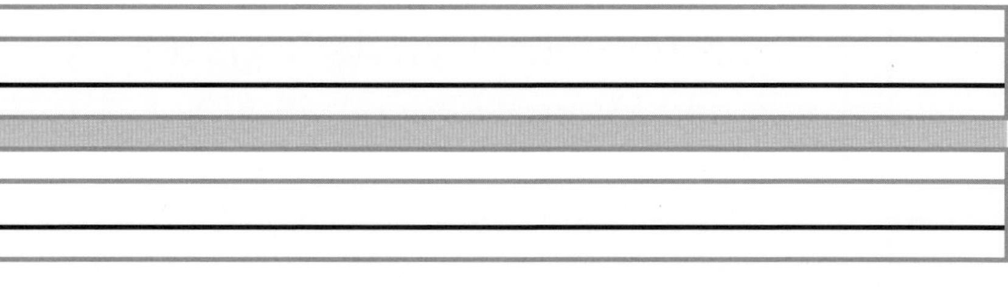

Name: ______________________ Datum: __________

Die Feinde der Meise

die Katze

die Ratte

der Specht

der Marder

die Eule

das Eichhörnchen

der Habicht

der Mensch

Aufgaben

1. Lies die Namen der Feinde.
   Tipp: Ein Spiegel kann dir helfen.
2. Schreibe die Namen richtig auf.
3. Verbinde die Namen mit dem passenden Bild.
4. Male die Bilder aus.

BVK • Kathrin Zindler: Themenheft „Meise“

Name: ______________________________ Datum: ____________

Versteckte Wörter

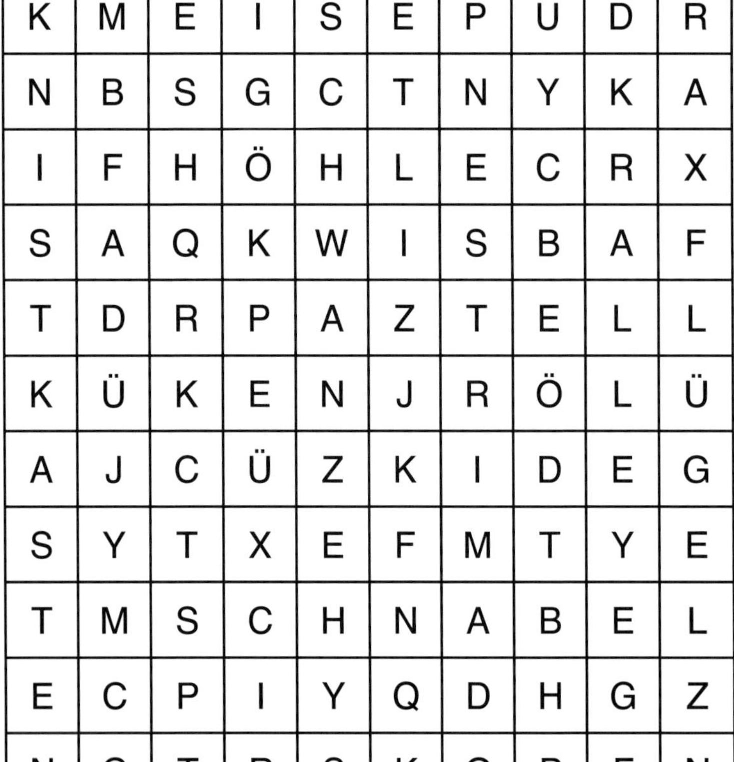

K	M	E	I	S	E	P	U	D	R
N	B	S	G	C	T	N	Y	K	A
I	F	H	Ö	H	L	E	C	R	X
S	A	Q	K	W	I	S	B	A	F
T	D	R	P	A	Z	T	E	L	L
K	Ü	K	E	N	J	R	Ö	L	Ü
A	J	C	Ü	Z	K	I	D	E	G
S	Y	T	X	E	F	M	T	Y	E
T	M	S	C	H	N	A	B	E	L
E	C	P	I	Y	Q	D	H	G	Z
N	G	T	R	S	K	O	P	F	N

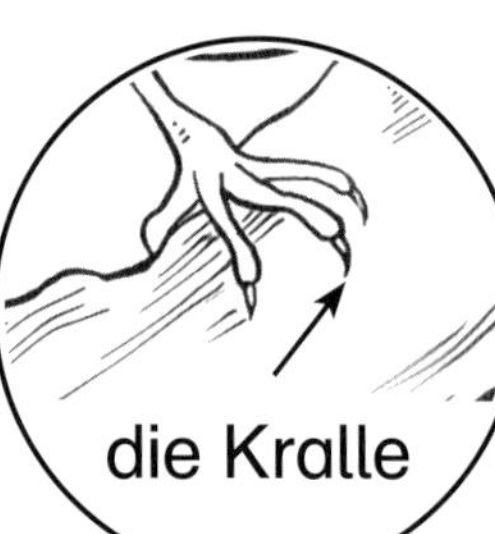

Aufgaben

1. Im Suchsel haben sich 10 Wörter rund um die Meise versteckt. Du findest sie waagerecht → und senkrecht ↓.
2. Male sie farbig an: der = blau, die = rot und das = grün

BVK • Kathrin Zindler: Themenheft „Meise“

Name: ______________________ Datum: ____________

Das weiß ich über Meisen

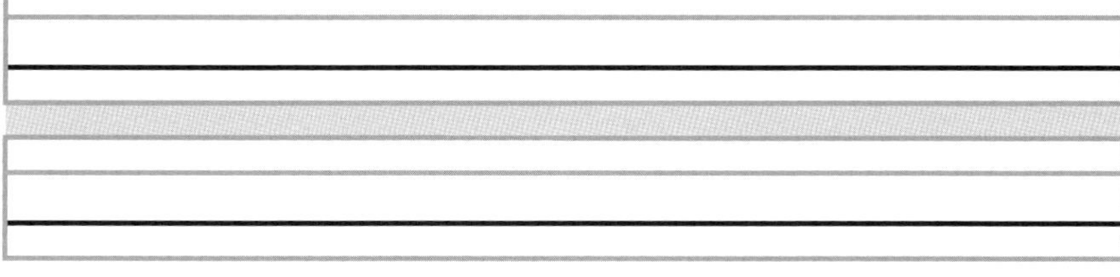

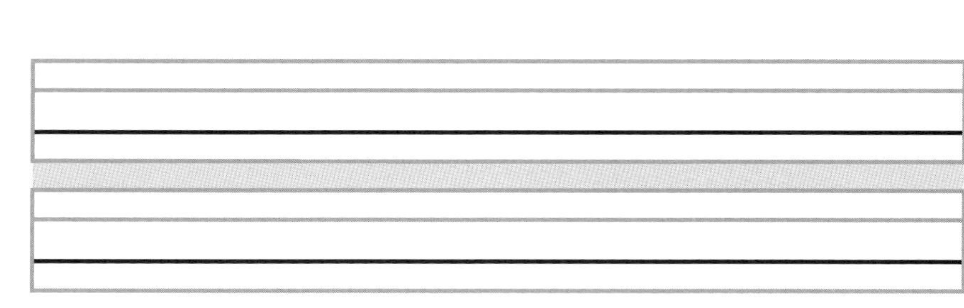

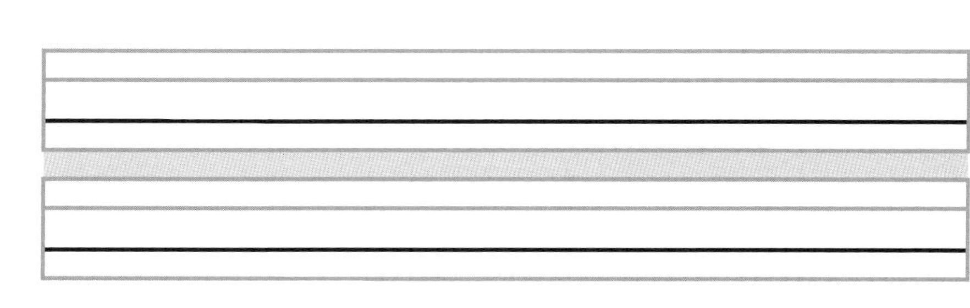

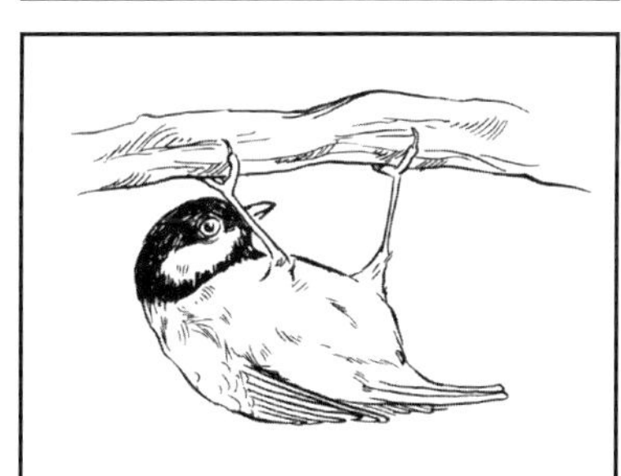

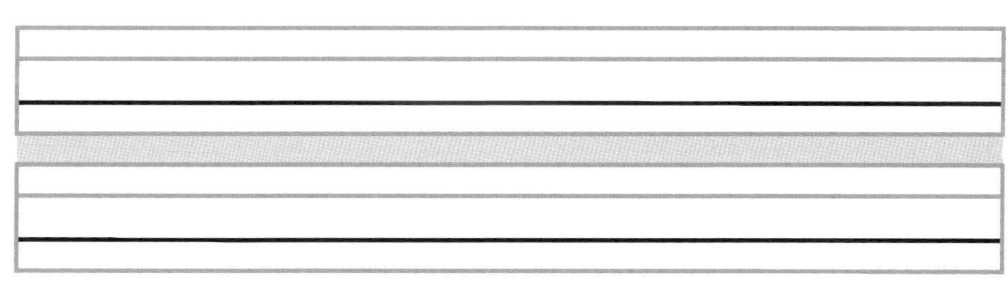

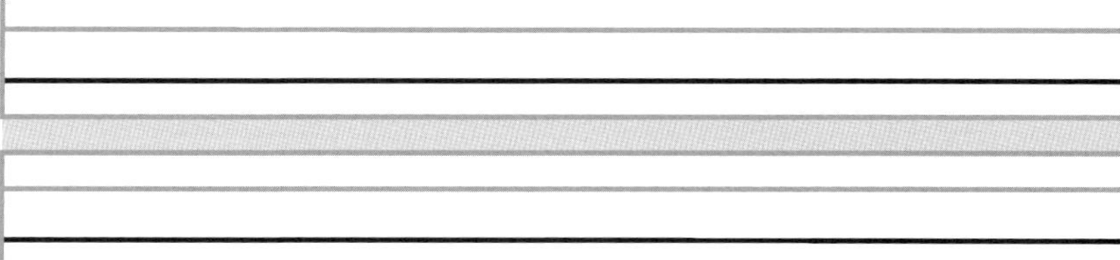

Aufgaben

1. Schaue dir die Bilder an.
2. Was weißt du über Meisen? Schreibe passende Wörter oder Sätze neben die Bilder.

Merkheft
Ich bin eine Meise

Name

So sehe ich aus …

Ich bin eine Kohlmeise. Mein Kopf ist schwarz und ich habe weiße Wangen. Auf meinem gelben Bauch habe ich einen schwarzen Streifen.

So groß bin ich …

Ich bin ein kleiner Singvogel. Ich kann bis zu 15 cm groß werden.

So heißen meine Körperteile …

Kopf, Auge, Wange, Schnabel, Rücken, Flügel, Brust, Schwanz, Kralle, Fuß

Das sind meine Feinde

Das fresse ich gern …

Nuss, Apfel, Larve, Birne, Schnecke, Fliege, Regenwurm, Himbeere, Samen, Raupe

Mein Nachwuchs

Das Weibchen legt 6 bis 12 Eier. Die kleinen Meisen werden erst im Nest und dann auf den Ästen gefüttert.

Das mache ich im Winter …

Im Winter bleibe ich zu Hause und fliege nicht weg. Ich bin ein Standvogel.

Name: ________________________________ Datum: ____________

Welcher Schatten passt?

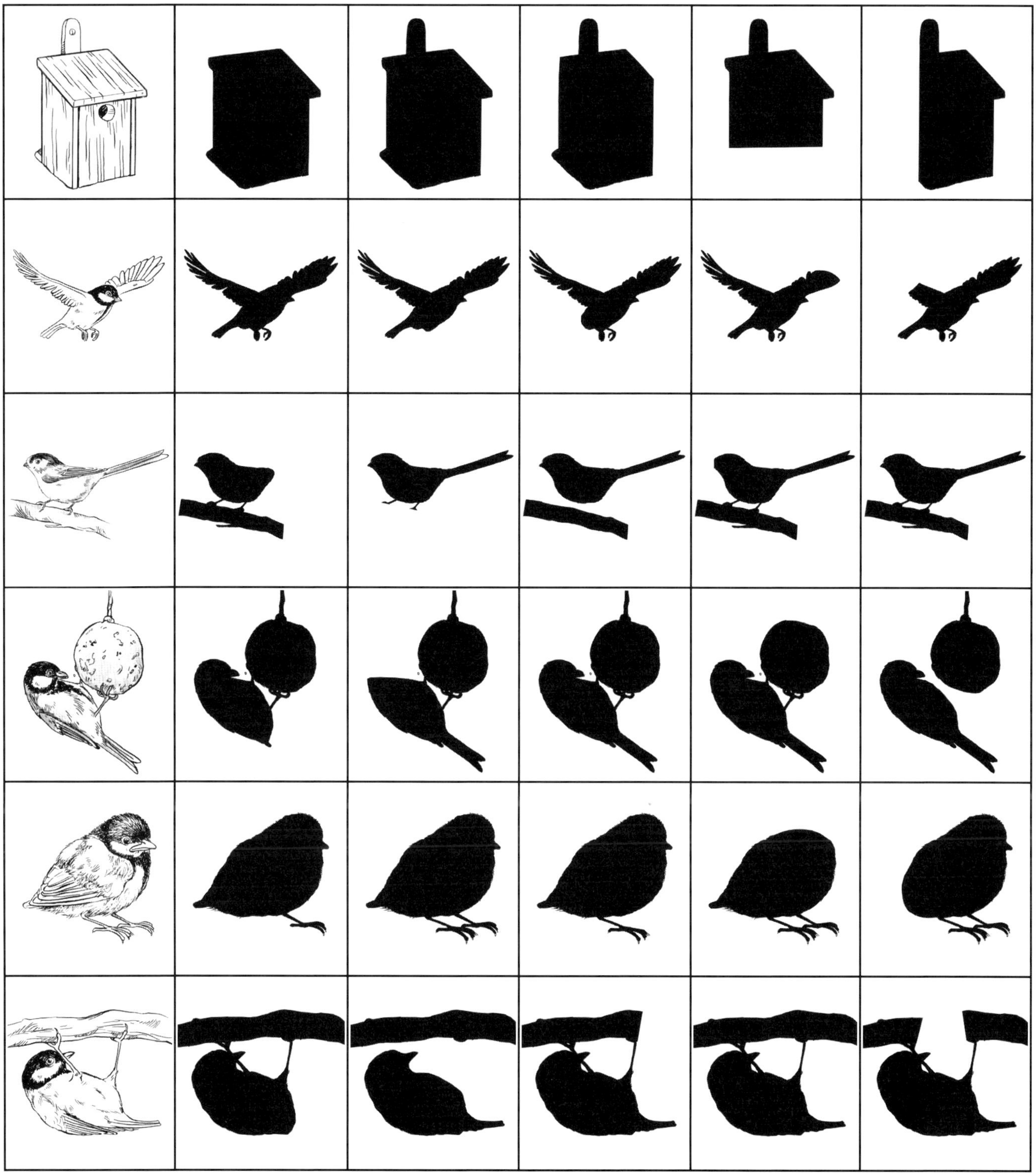

Aufgaben

1. Schaue dir die Bilder genau an.
2. Welcher Schatten passt? ☒ Kreuze an.

BVK • Kathrin Zindler: Themenheft „Meise“

Name: ______________________________ Datum: ______________

Ganz schön kalt im Winter

Die Meisen sind ________________ . Sie finden auch im ____________ bei uns genügend Nahrung. Deshalb müssen sie nicht in den warmen ____________ fliegen.

Wenn es richtig kalt ist, haben die Meisen einen ____________ .

Sie können ihr Gefieder aufplustern und so die ____________ besser halten. Sie sehen dann viel größer aus, als sie wirklich sind.

In der Nacht stecken sie ihren Kopf unter die ____________ .

Dann bleibt auch der ____________ warm. Tagsüber treffen sich Meisen mit vielen anderen Meisen.

Flügel – Allesfresser – Wärme –
Winter – Trick – Kopf – Süden

- ☐ Die Meise fliegt in den Süden.
- ☐ Die Meise plustert ihr Gefieder auf.
- ☐ Die Meise sucht nach Nahrung.
- ☐ Die Meise steckt ihren Kopf unter die Flügel.

Aufgaben

1. Lies den Text.
2. Schreibe die fehlenden Wörter auf die Linien.
   Tipp: Die Wörter im Kasten helfen dir.
3. Welcher Trick wird auf dem Bild gezeigt?
   ☒ Kreuze an.

Name: ________________________________ Datum: ____________

Die Meise ist besonders

Aufgaben

1. Schneide die Texte und die Bilder aus.
2. Lies die Texte und schaue dir die Bilder an.
3. Welche Texte und Bilder gehören zusammen?
   Klebe auf ein Blatt.

Im Herbst versteckt die Meise Körner unter der Rinde von Bäumen. Im Winter holt sie sich diese wieder.	Meisen fressen Raupen und viele andere Schädlinge im Garten. Sie sind sehr nützlich für uns Menschen.	Meisen sind sehr schlau. Um Futter zu finden, lassen sie sich viele Tricks einfallen.
Meisen sind große Kletterkünstler. Sie können auch kopfüber vom Ast hängen.	Meisen leben oft mit anderen Meisen in einem Schwarm zusammen.	Meisen gehören zu den Singvögeln. Es singen aber nur die männlichen Meisen.

BVK • Kathrin Zindler: Themenheft „Meise“

Name: ______________________ Datum: __________

Lies und male

In dem Nest sind 5 Eier.

Auf dem Ast sitzen 4 Meisen.

Eine Meise füttert 3 Küken.

Zwei Meisen streiten sich um einen Wurm.

Die Kohlmeise hat einen schwarzen Kopf, einen gelben Bauch und einen grünen Rücken.

Aus dem Nistkasten schaut eine Meise heraus.

Aufgabe

Lies die Sätze und male passend aus oder dazu.

Name: ______________________________ Datum: ____________

Was hast du behalten?

1. Verbinde die Namen mit den Körperteilen der Meise.

2. Was frisst die Meise.
   Male an. Streiche die falschen Bilder durch.

 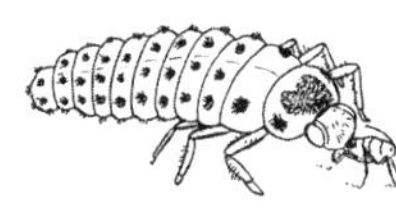   

3. Welche Sätze sind richtig? ☒ Kreuze an.
   - ☐ Meisen können gut klettern und fliegen.
   - ☐ Es gibt verschiedene Meisen.
   - ☐ Meisen leben im Wasser.

4. Nummeriere richtig von 1 bis 6.

  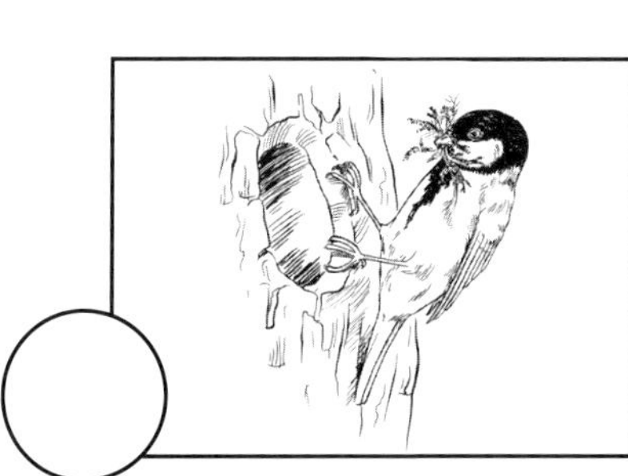

Lösungen

zu S. 10 „Die Körperteile der Meise“

zu S. 23 „Die Meisen brüten“

zu S. 11 / 12 „Die Meise – unter die Lupe genommen“

Lösungswort: FLÜGEL

zu S. 13 „Was frisst eine Meise?“

Larve – Walnuss – Regenwurm – Ameise – Himbeere – Spinne – Erdnuss – Apfel – Marienkäfer – Samen – Raupe

zu S. 15 „Der Speiseplan der Meisen

	🙂	☹
Meisen fressen nur Körner.		X
Die Meise passt ihren Speiseplan den Jahreszeiten an.	X	
Sie mag keine Sonnenblumenkerne.		X
Sie frisst das ganze Jahr über das gleiche Futter.		X
Insekten mag die Meise nicht.		X
Im Herbst fressen Meisen Nüsse und Samen.	X	
Die Meise hat einen langen spitzen Schnabel.		X
Die Meise kann mit dem Schnabel Nüsse knacken.	X	
Im Winter findet die Meise am meisten Nahrung.		X

zu S. 17 „Lese-Logical Meisenarten“

Lösungswort: RAUPEN

zu S. 20 „Hier leben Meisen“

Es sind 13 Meisen.

zu S. 25 „Nachwuchs bei den Meisen (1)“

5	Die Küken verlassen das Nest. Nun sitzen sie auf einem Ast. Diese Zeit nennt man **Ästlingszeit.** Die kleinen Meisen werden von den Eltern weiter gefüttert.
3	In das fertige Nest legt das Weibchen 6 bis 12 Eier. Das Weibchen brütet die Eier 2 Wochen lang aus. Diese Zeit nennt man **Brutzeit.**
1	Im März sucht sich das Männchen eine Bruthöhle oder einen Nistkasten. Dann lockt es durch Gesang ein Weibchen an. Die beiden paaren sich. Das nennt man **Paarung.**
4	Nach 2 Wochen schlüpfen die Küken. Sie sind blind und nackt. Die Küken werden von den Eltern 2 bis 3 Wochen im Nest gefüttert. Diese Zeit nennt man **Nestlingszeit.**
6	**Jungmeisen** haben an ihrem Schnabel einen hellgelben Rand. Sie üben das Fliegen. Jetzt können sie sich selbst mit Nahrung versorgen.
2	Bei den Meisen ist das Weibchen für den **Nestbau** zuständig. Meisen bauen ihr Nest in Baumhöhlen oder in Nistkästen. Das Nest wird mit Moos, Federn oder Haaren weich gepolstert.

zu S. 28 „Versteckte Wörter“

	M	E	I	S	E				
N				C		N		K	
I		H	Ö	H	L	E		R	
S				W		S		A	F
T				A		T		L	L
K	Ü	K	E	N				L	Ü
A				Z				E	G
S									E
T		S	C	H	N	A	B	E	L
E									
N					K	O	P	F	